JN139881

雨の日に感謝

高野山教学部長
丹波あじさい寺住職
小籔実英

佼成出版社

疲れないように
生きる
それが
生き方
上手

實英

いいことが
何もないかも
知れないが
それでも私は
生きていく
生きていること
自体に
意味があると
思うから

自分にしかない
味をだす
それが
自分を
生かす道

どんな立派な
人生論より
親の生き方が大事
親が楽しく
生きておれば
子供は
その生き方を
学ぶ

泳ぐ魚の
意思とは
関係なく
川は流れていく
我々の思いとは
関係なく
人生も流れていく
全力を尽したあとは
まかせて生きたらよい

六十を越えて
終りではない
六十を越えてから
始まりだ
酸いも
甘いも
知り尽した
本物の人生の
始まりだ

實之英

百人の友が
いるより
たった一人でいい
自分のことを
わかってくれる
人がいれば
それでいい

生まれる時も
一人
死ぬ時も
一人
人はみな
孤独と共に
生きている

ちっぽけな私

蟻のケンカを
見ていると
腹を立てている
ことが
どうでもいいように
見えてきた
ちっぽけな
ことのように
見えてきた

實英

強いカブト虫も
弱いカブト虫も
夏が終われば
消えていく
強いって何んだろう
弱いって何んだろう

自分の苦しみは
他人にはわからない
耐えて
自分の
成長に
つなげたい

實英

この世には
十人十色の
生き方がある
相手を
認めて
生きれば
楽になる

英賢

挫(くじ)けない
ことが
負けない
こと

根を大切にしておけばどんな大木にも育つ

美しい月も
美しい景色も
私の心に映った姿
心をなくして
この世の
存在はない

ひと粒の雨が
大海を
作るように
小さな積み重ねが
大きな成果を
生む

雨の日に感謝

一、楽に生きる

二、持ち味

三、すべてまかせる

四、一人もいい

五、おろかなこと

六、プラス思考

七、どう生きるか

八、心

九、希望

十二、心を支えることば（応援歌）

題字・装画　小籔実英
画協力　けいこ
ブックデザイン　鈴木正道（Suzuki Design）

はじめに

六十五年間生きてきて『雨の日に感謝』ということばがより深く感じられるようになりました。『晴れの日に感謝』は誰でもあたりまえのようにわかることばです。運動会・ピクニック・旅行・フリーマーケット・あらゆる行事等、晴れに越したことはありません。だから晴れたことに感謝する気持ちはよくわかります。

ところが『雨の日に感謝』は一見、理解しにくいことばです。なぜ、雨の日に感謝しなければならないのか。それがわかったのは。弘法大師のご聖語に「医王の目には途に触れて皆薬なり」（すぐれた医者の目には道端に生えている雑草が皆薬草に見える。）ということばに触れてからです。すぐれた医者が見ると役に立たない雑草が役に立つ薬草に見えるというのです。

言い換えると私の歩んできた人生の中にある、悲しかったこと、苦しかったこと、思い出したくもないようなにがにがしい体験が、自分の人間形成の上では大変役に立っているというのです。つまり、楽しかったり嬉しかったりした人生の晴れの部分より、悲しかったり苦しかったりした雨の部分がより深い人生を歩む上で、大切だといっているのです。

ここに記載されている詩画は人生の応援歌です。人生の上っ面だけで一喜一憂するのではなく、人生をより深くとらえてより意義のある生き方につなげて欲しいと思い上梓しました。

雨の日があったから晴れの日に感謝できるのです。

雨の日があったから今、生きていることに感謝できるのです。

そのような意味をふまえて本書の書名を『雨の日に感謝』といたしました。皆さまのお役に立てる一書（詩画集）になれば幸甚です。

平成二十九年五月

小藪実英

雨の日に感謝

感謝
雨の日に感謝
晴れの日に感謝
今、生きている
ことに感謝

實英

一、楽に生きる

疲れないように
生きる
それが
生き方
上手

生き方上手

人間社会で生きる以上、責任やノルマが課せられます。
これは仕方のないことです。
しかし、それが心のストレスにならないように工夫して生きることが大切です。
生き方上手とは、このストレスをためない生き方のことを言うのだと思います。

ゆっくり
歩くほど
色んなものが
よく
見える

實英

ゆっくり生きる

せわしない世の中にふりまわされると大事なものが見えなくなります。

あわてて生きるより、ゆっくり生きた方が、日頃、見落としがちな大切なものが見えてくるのではないでしょうか。

なまけたくもなる
くじけそうにもなる
それであたりまえ
そんな弱い心と
闘いながら
生きている
それが
人間

弱き者人間

本来、人間は怠け者です。
放っておけば、怠ける方へ、さぼる方へ、といってしまいます。
みな、そんな弱い心と闘いながら生きているのです。
あなただけではありません。
私もそんな弱い心と闘いながら生きているのです。

いいことが
何もないかも
知れないが
それでも私は
生きていく
生きていること
自体に
意味があると
思うから

生きることの意味

人生に失敗して、最後は体を壊し奥さんに養ってもらっていた私の教え子がいました。

しかし、そんな生き方を潔しとせず、男として恥ずかしい、家内に迷惑をかけたくないと思い自死してしまいました。

私は残念で仕方ありませんでした。人は命ある限り生きなければなりません。なぜなら、人の命は神仏から預かった命だからです。自分にはわからないかも知れませんが、生きていること自体に意味があるのです。

計算通りに
いかないところに
この世の
もどかしさがあり
この世の
おもしろ味がある

實英

この世のおもしろ味

一＋一＝二とならないところに、この世のもどかしさがあります。

たとえば、真面目に生きている人が不幸な目に合ったり、努力しているのに結果に恵まれなかったり、この世の不合理を感じます。

しかし、その逆もあります。ガンで死の宣告を受けていたのにそのガンが消えて助かったり、採用試験で不合格だと思っていたら、繰り上げ合格したり、思いがけないことが起こります。

結果の見えないことは不安ですが、またそれがこの世のおもしろ味なのだと思います。

どう生きても
百点満点の
生き方は
見つ
からない
自分の思う
道を
歩めばいい

自分の道を歩む

すべての人から支持される生き方は、ないのかと考えてみました。

しかし、それは無理だと気づきました。

人の姿、形が違うように、人の性質、考え方もみな違うからです。

一人よがりな生き方にならないよう気をつけながら、自分がよかれと思う道を歩めばいいのです。

楽に生きる

古い建物ひとつ見ても、味わい深い建物だと見る人や、きたない建物だと見る人や何とも思わない人や、種々様々です。

自分の主義主張に相手を合わさせようとしてもあまり意味がありません。

それより、そんな見方もあるのだなあ、そんな生き方もあるのだなあと、相手を認めて生きた方が楽です。

この世には
十人十色の
生き方がある
相手を
認めて
生きれば
楽になる

二、持ち味

いつも青春

新緑、青葉、紅葉、それぞれが美しいように、若い頃、中年の頃、老年の頃というように、それぞれの美しさがあると思います。

今をいかに輝かせるかが、変わらない青春を生きることだと思います。

新緑もよし
青葉もよし
紅葉もよし
その時その時の
美しさが
人生にも来る

それぞれに輝く

学校教育では、他との比較の中で色んな評価がなされます。できるできない、よいわるいというように。

しかし、それは仏さまの思いとは違います。仏さまの思いは他と比較するのではなく、個性を発揮して生きて欲しいということです。個性は神仏が我々に与えてくださったものです。その個性を発揮して生きた時、自分が一番輝くのです。そのことを、庭に咲く花から学びました。

大きい花も
小さい花も
白い花も
赤い花も
みんな
それぞれに
輝いている

實英

花も
鳥も
山も
自然なものは
みな美しい

飾らなくてもいい
ありのままの
わたしで
いこう

ありのまま

着飾ったり、つくろったりした美しさは、真実の美しさではないと思っています。

真実の美しさとは、ひたむきに生きる姿の中から現われてくるものだと思います。

自然なものは、作為がありません。みなひたむきです。

人もひたむきに生きた時、真実の美しさが現われてくるのです。

自分の味

人は、この世に何をするために生まれてきたのか。それは自分らしく生きるために生まれてきたのだと思っています。

「拙なくも自由画を」ということばが好きです。人のマネをして上手な絵を描くより、下手でもいいからこの世に一枚しかない自分の絵を描く方が、価値のあることなのです。

上手・下手にこだわることより、自分の持ち味を十二分に発揮して生きること、これが自分がこの世に生まれた所以(ゆえん)だと思っています。

自分にしかない
味をだす
それが
自分を
生かす道

季節はずれに
咲く花が
重宝がられる
ように
みんなと同じで
なくてもよい
自分のペースで
咲けばよい

自分のペースで咲く

あじさいは六月に咲く花だと思っているようですが、秋にもう一度咲くあじさいがあります。

季節はずれに咲いたあじさいを見つけた人の喜びようは大変なものです。

みんなと同じ時に咲かなくても、自分のペースで咲いた方が、希少価値があるのではないでしょうか。

三、すべてまかせる

苦しみに
合うのは
いやだけど
喜びは
その苦しみを
越えた所に
ある

まかせて生きる

ご主人が事業に失敗し、大きな負債を背負って悲痛な思いで当寺に来られた方がありました。

その方に「今が人生のどん底です。これ以上、悪くなることはありません。この苦しみに耐えておけば、必ずまた喜びに充ちた日々がやってきます。喜びは苦しみを越えた所にあるのです」と励ましたことがありました。

六十を越えて
終りではない
六十を越えてからが
始まりだ
酸いも
甘いも
知り尽した
本物の人生の
始まりだ

寛英

本物の人生

還暦を迎え人生が終りに近づいたと思うのではなく、経験してきたことがこれから生かされるのだと思って生きることです。

無我夢中で生きた若い頃とくらべると還暦を迎えた今の方が随分、内容のある人生になったと思うからです。

四、一人もいい

百人の友が
いるより
たった一人でいい
自分のことを
わかってくれる
人がいれば
それでいい

一人の友

自分の悩み苦しみを多くの人に理解してもらおうとは思いません。
たった一人でいいのです。
心の奥深いところでつながっている人がいれば……人は、生きていけるのです。

生まれる時も
一人
死ぬ時も
一人
人はみな
孤独と共に
生きている

孤独と共に

自分は一人ぼっちだと孤独感を抱きながら生きている人がいるかも知れません。

しかし、それはあなただけではありません。人間は誰も孤独と共に生きているのです。

生まれる時も一人、死ぬ時も一人、多くの人といる時も一人です。

一人がダメなのではなく、一人で当たり前なのです。だったら一人を楽しんだらいいのではないでしょうか。

一輪草

群生して咲く花も迫力があっていいのですが、庭や野原の片隅でひっそりと咲く一輪草はもっと心に響きます。

それは一人の人間の生き方にもかかわることなのかも知れません。

群衆心理と共に生きる生き方より、一人でも堂々と生きていく生き方にひかれるからなのでしょう。

群れて
咲く花も
いいが
庭の片隅で
ひっそりと
咲く
一輪草は
もっといい

五、おろかなこと

蟻のケンカ

行列から外れてケンカをしている蟻をたまに見ることがあります。
何が原因でケンカをしているのか内容はわかりません。
どうせ、どうでもいいことでケンカをしているのだろうと思います。
それと同じことを我々人間もやっているのです。
ちっぽけなことで腹を立ててる自分が滑稽に見えてきました。

ちっぽけな私

蟻のケンカを
見ていると
腹を立てている
ことが
どうでもいいように
見えてきた
ちっぽけな
ことのように
見えてきた

實英

カブト虫のケンカ

蜜の取り合いか、メスの奪い合いかで、二匹のカブト虫が争っている姿をよく見ます。

強いカブト虫が勝って、弱いカブト虫は負けていきます。

しかし、夏が終わると強いカブト虫も弱いカブト虫もこの世からいなくなります。

人間も強い弱いでいつも争っています。カブト虫の争いを見ながら、それがどれだけの意味があるのだろうかと思ってしまいます。

強いカブト虫も
弱いカブト虫も
夏が終われば
消えていく
強いって何んだろう
弱いって何んだろう

六、プラス思考

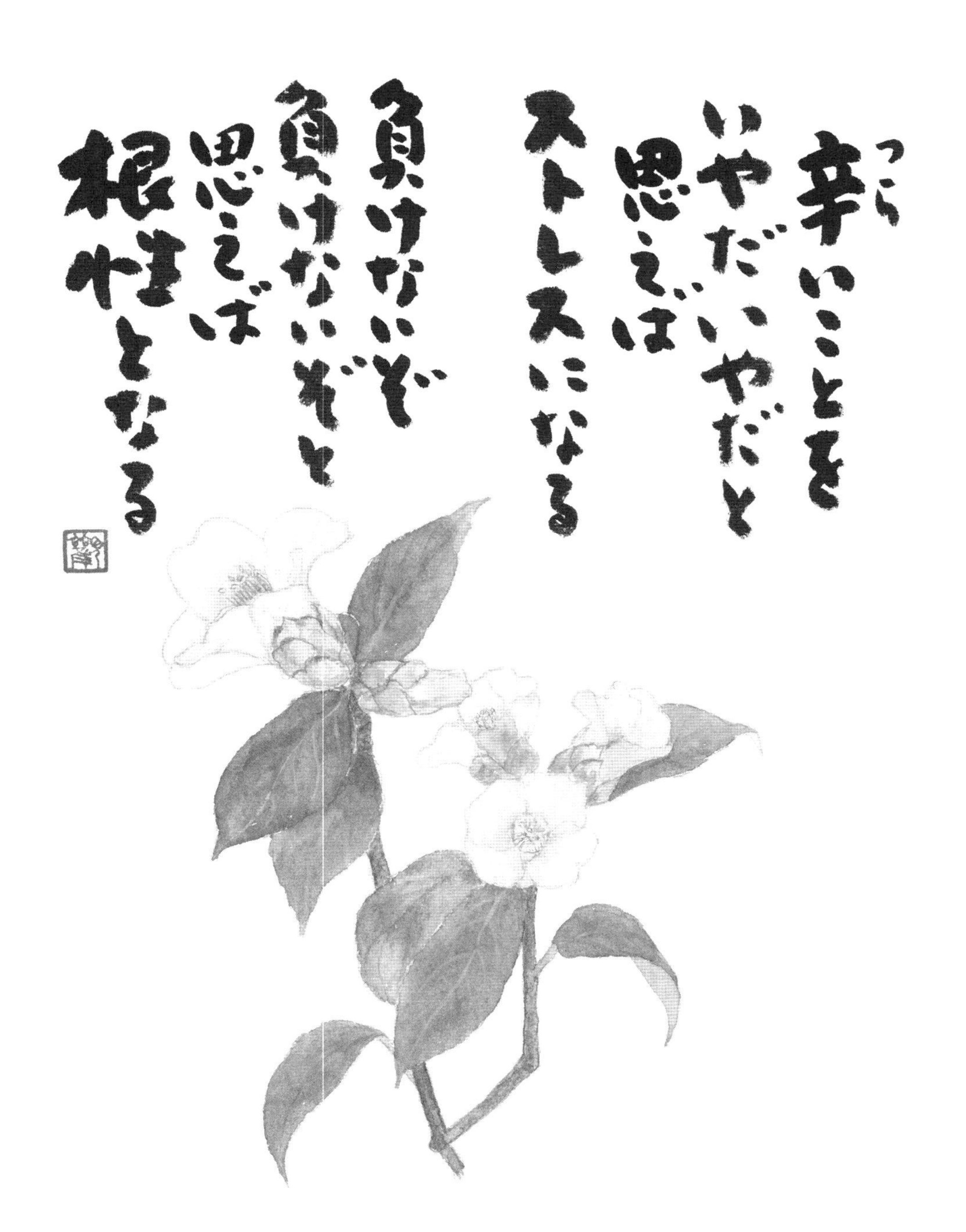
辛いことを
いやだいやだと
思えば
ストレスになる
負けないぞ
負けないぞと
思えば
根性となる

プラス思考

今、目の前にある辛いことをどう捉えるかで全く違う結果となります。できることなら、今かかえている辛いことを自分にプラスになるように捉(とら)えていくことが大事な生き方だと思います。

ストレスにして心を壊してしまうか、根性にして強い心を育てるか、大きな違いです。

あじさいに学ぶ

私のお寺は一万株のあじさいが咲く「あじさい寺」として多くの方から親しまれています。

そのあじさいから多くのことを学んでいます。

桜や牡丹は雨に打たれるとすぐ散ってしまいます。

それと比べると、あじさいは雨に打たれるほど美しく輝きます。

雨に打たれて輝くあじさいを見て、私もこの世の苦しみや悲しみに合っても負けない自分でありたいと思いました。

雨に打たれて
輝くあじさいのように
苦しみや
悲しみに
打たれても
負けない
私でありたい

苦しい時に成長する

学校に勤めている頃、よく生徒にいっていました。人間は不幸な動物ですから「成長する時には必ず苦しみが伴う」と。

受験勉強でも、マラソンでも、仕事でも必ず苦しみが伴います。

だから、苦しいこと、悲しいことを不幸なことと受け止めてはダメです。

今、成長しているから苦しいのだと前向きに受け止めて、自分の成長につなげていくことが大切なのです。

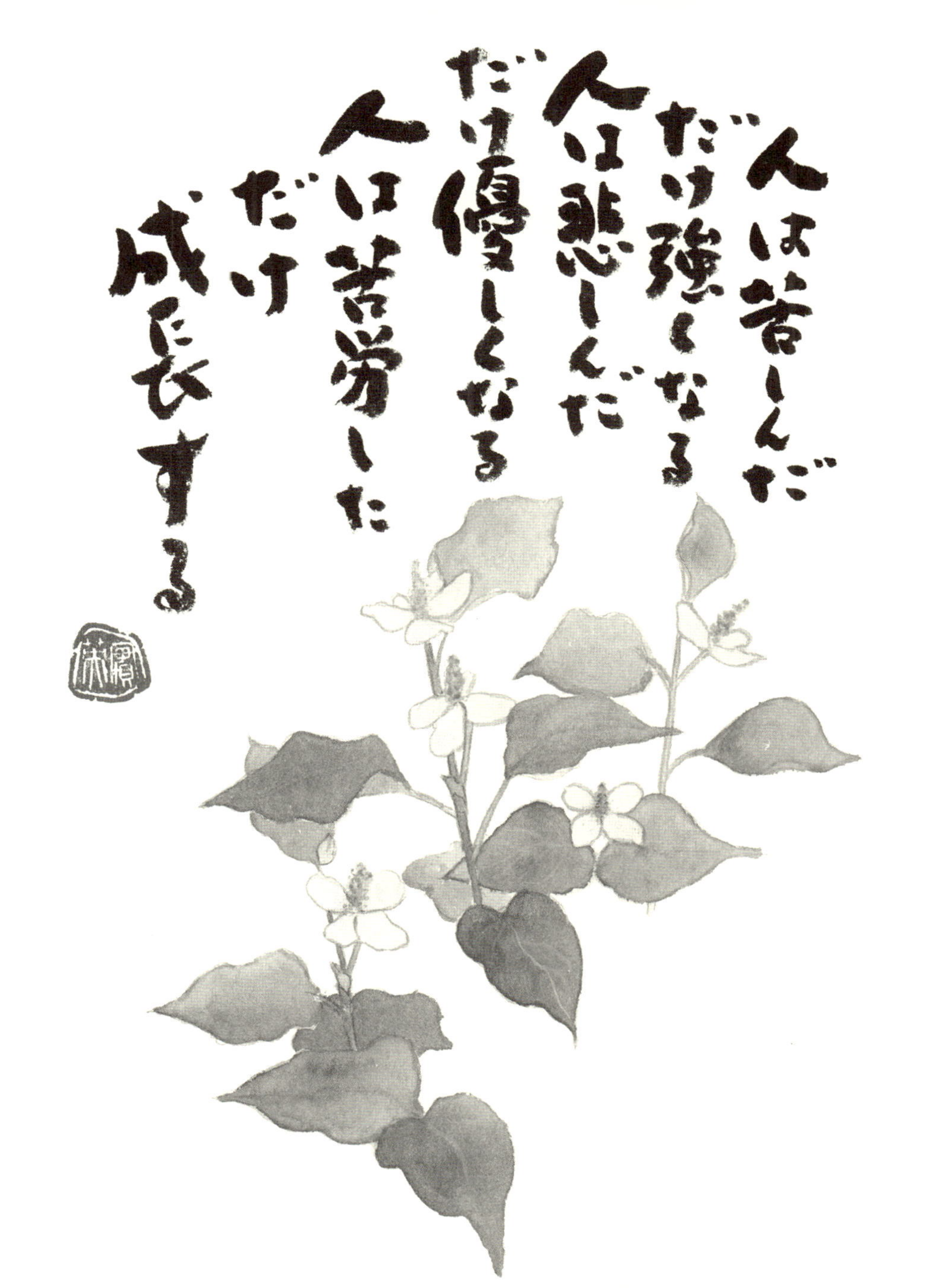
人は苦しんだ
だけ強くなる
人は悲しんだ
だけ優しくなる
人は苦労した
だけ
成長する

耐えてプラスに

自分の苦しみは自分にしかわかりません。

自分の痛みは自分にしかわかりません。

だったら自分の苦しみや痛みを他人にわかってもらうことより、その苦しみや痛みに耐えて、ひとまわりもふたまわりも大きな自分になる努力をした方が意味があるのではないでしょうか。

自分の苦しみは
他人には
わからない
あえて
自分の
成長に
つなげたい

實英

失敗を生かす

自分の人生を振り返ると成功したことに学ぶより、失敗したことに学んだ方が多かったように思います。

失敗した経験を無駄にしないように、失敗をいかに生かすかでその人の人生は決まるのです。

学ぶ
失敗は
不幸かも
しれないが
失敗することで
多くのことを
学ぶことができる
實英

失恋に学ぶ

失恋をすることは耐えがたい苦痛を伴うことだと承知しています。しかし、それを恐れて恋をしないということは、とても不幸なことです。なぜなら、恋をすることで人生の何ものにも代えがたい多くのことを学ぶことができるからです。

たとえ、失恋しても失うものより得るものの方が多いのです。若い人は失恋を恐れず恋をすべきだと思っています。

失恋は
不幸かも
知れないが
恋のできない
人よりは
幸せだと
思う

挫けないこと

試合に負けても
受験で失敗しても
仕事でうまくいかなくても
もうダメだと心が挫けない限り本当に負けたことにはならないと思います。
一時的には負けたように見えますが、心が挫けなければ、その思いは勝利へと
続いているからです。

挫(くじ)けない
ことが
負けない
こと

七、どう生きるか

先祖からつながる命

今、私はこの世を生きていますが、私のこの命は自分だけのものではありません。

私の命の中には、十代前で一〇二四人、二十代前で一〇〇万人超、三十代前で百億人超の先祖が組み込まれています。私は、今この先祖からつながる命の代表として生きているのです。

自分だけの命ではありません。

先祖に恥じない生き方をしなければと思います。

先祖から
つながる
命を
今の私が
生きている

目標に向って歩く

ただ歩いているだけでは時間が過ぎていくだけです。
目的地と反対の方向に歩いていれば、まったく無駄なことをしていることになります。
限られた時間しかありません。
目標を決めて一度っきりの人生を歩んでいきたいものです。

どこを歩いているのか
どこに向っているのか
目的をもたないと
生きているだけで
人生は終ってしまう

花の一生

「花は語らずして道を説く」といいますが、その通りだと思います。
私など語りすぎて、見苦しく、いつも自己嫌悪に陥っています。
自分の人生です。
　人の目を気にすることなく、花のようにさわやかな一生を送りたいものです。

黙って咲いて
黙って散る
花は
人の評価を
気にしない

親の生き方が大事

「子は親の背中を見て育つ」ともいいます。が、その通りだと思います。いくら口で立派なことを言っても、親の日々の行動を子どもはよく見ています。

会社の愚痴をいったり、毎日毎日が退廃的な生活では、どんな立派な人生論を説いてもダメです。

仕事も社会生活も楽しく生き生きと送っておれば、それが子どもへの人生の指針となるのです。

どんな立派な
人生論より
親の生き方が大事
親が楽しく
生きておれば
子供は
その生き方を
学ぶ

八、心

そよ風のように

そよ風はトゲのような葉の中を上手にすり抜けていきます。

世の中にもトゲのようにささるものモドリのようにひっかかるもの、色んな障害がいっぱいあります。

そよ風のようにそれらの障害を上手にすり抜けて生きていきたいものです。

松葉の間を
すりぬけていく
そよ風のように
とらわれもなく
ひっかかりもなく
さわやかに
生きてゆきたい

心に映った姿がこの世の姿

「心外無別法（しんげむべっぽう）」という華厳経の一文があります。（この世のもので心を離れて存在するものは何一つない）という意味です。

どんな美しい月も、どんな美しい景色も、心があってはじめて存在するのです。

心が無ければ、あっても無いのと同じです。つまり心が働いて、この世のものがすべて自分の存在となっていくのです。

美しい月も
美しい景色も
私の心に映った姿
心をなくして
この世の
存在はない

処世術

相手が悪いからうまくいかないのではありません。自分の感情のコントロールが下手だからうまくいかないのです。最近、そんなふうに思うようになりました。

処世術とは、うまくいかない原因を相手に求めるのではなく自分の中に求めることだと思います。

腹が立つことがあっても、その感情を上手にコントロールして「負けて勝つ」という境地に自分の心がたどり着けば、それも大きな処世術だと思うのです。

感情を
上手に
コントロール
することが
この世での
処世術

波打たない心

静かな水面に風が吹くと細波（さざなみ）が立ちます。その風が強くなると波も大きくなります。しかし、深海は水面がどんなに荒れていても静かです。

この世も色んな人間が住み、色んな営みがあるので様々な波が立ちます。その度に心が乱れていては、落ちついた人生が送れません。水面が波打ってもいつも静かな深海のように、この世が騒がしくても心穏やかに暮らせる自分でありたいものです。

風が吹いても
波だたない
深海のように
心の奥には
いらだちの
届かない
静けさを
保っていたい
はす

自由な発想

境内には数百本のもみじの木があります。

それが秋になるとヒラリ、ヒラリと散りはじめます。

積もった落葉をゴミと見るか、ジュウタンと見るか。

私は落葉を踏みしめて歩くのが好きなので、もみじのジュウタンと思っています。

ところが落葉と聞くとゴミと思い込んでいる人もいます。落葉はきたないもの、雑草は役に立たないものと、決め込んでしまうのではなく、思い込みに縛られない自由な発想があってもいいのではないでしょうか。

落葉

落ち葉を
地上のゴミと
感じるか
地上のジュウタンと
感じるか
その人の思いで
この世の姿も
違って見える

實英

九、希望

希望

「あんたは楽観的にものごとを考えるなあ」とよく言われますが、デタラメを
言っているわけではありません。

それは自然が教えてくれているのです。

「山があれば谷がある」

「春がくれば花が咲く」

「降りだした雨はいつかはあがる」

「曇り空の向こうには青空がある」と
だから、永遠に続く不幸はないのです。

今がわるくても
悲観することはない
曇り空の
むこうに
青空があるように
かならず
幸せはやってくる

無情説法

我々は自分の生き方を心をもつ人間から学びます。これを有情説法といいます。

これに対して心をもたない山川草木から生き方を学ぶことがあります。これを無情説法といいます。

私はどちらかというとその山川草木、特に花から多くのことを学んでいます。

花はことばでは何もいいませんが、花が咲くだけでその周りが明るくなります。そして、その周りにいる人の心も明るくしてくれます。こんな力をもった人間になりなさいと花が教えてくれているような気がします。

一輪の花が
咲くと
まわりが
明るくなる

それを見る
人の心も
明るくなる

挑戦

先が見えないことは不安です。

しかし、何が起こるかわからない。どんなご縁に恵まれるかわからない。わからないからロマンがあるのです。

そのロマンに託して一度、挑戦してみてはいかがでしょうか。

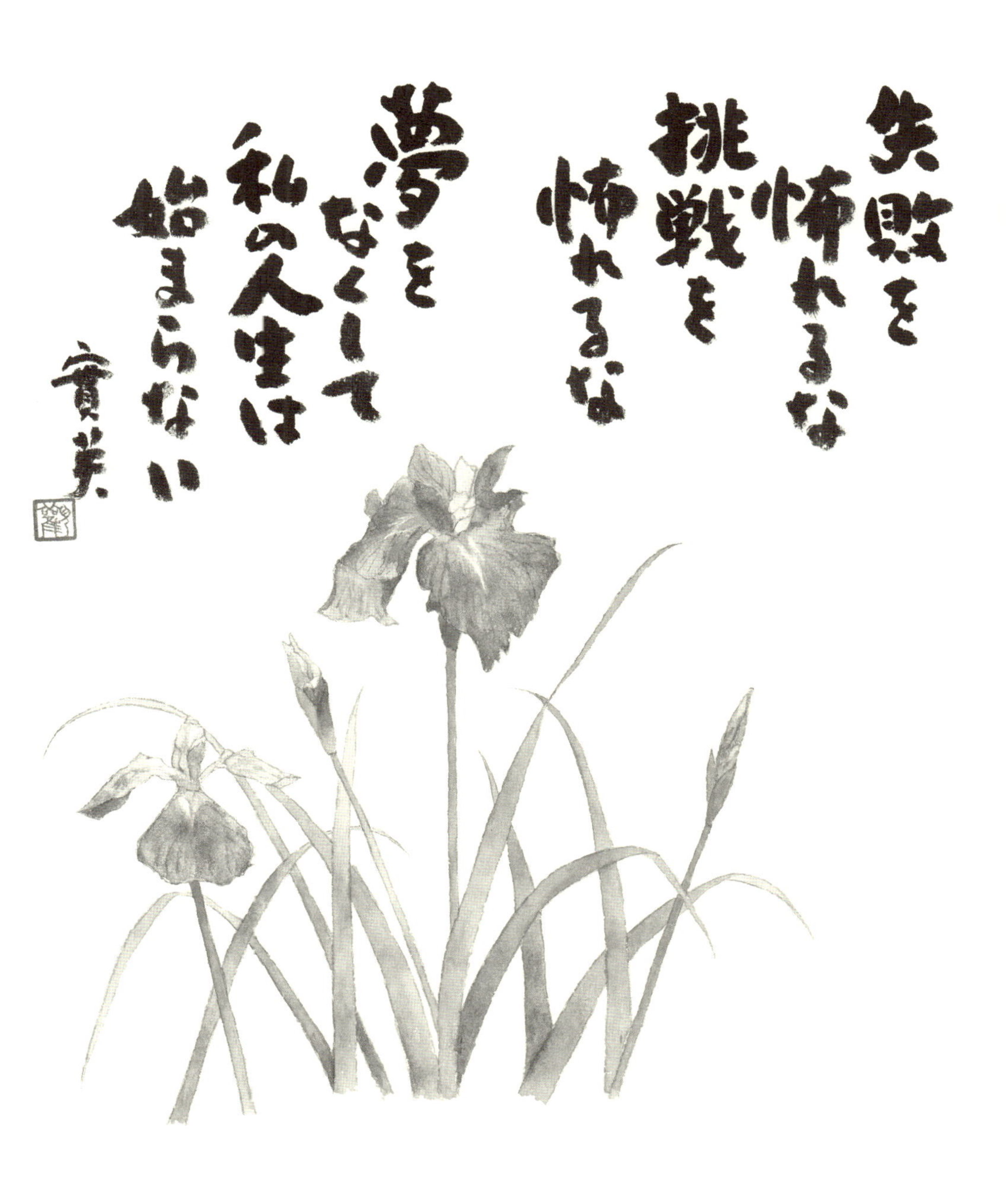

失敗を
怖れるな
挑戦を
怖れるな
夢を
なくして
私の人生は
始まらない

根を大切に

花や実にいくら水や肥料をやっても意味がありません。
根にやってこそ大きな花や実が育つのです。
人間にとって根に当たる部分はどこなのか、一度考えてみてください。

根を大切にしておけばどんな大木にも育つ

小さな積み重ね

どんな高い山を踏破するにも一歩一歩の歩みからといいます。また「ローマは一日にして成らず」ともいいます。

小さな積み重ねが大きな成果を生むのです。

他人の大きな成果を見て、うらやましく思ったり、あせったりすることがありますが、みな、小さな積み重ねによって出来たものです。安易な考えに陥ることなく小さな積み重ねを大切に生きていきたいものです。

ひと粒の雨が
大海を
作るように
小さな積み重ねが
大きな成果を
生む

願いは叶う

小学生の頃、担任の先生から「努力にまさる天才はなし」と教わりました。努力さえすれば、この世の大概のことは叶えられると。

しかし年を重ねるに従って、プラス〝祈り〟が大切だと思うようになりました。それは人間の努力だけでは叶わないものがあるとわかったからです。神仏の力を借りないと叶わないものがあるとわかったからです。

志と
努力と
祈りが
ひとつになって
願いは
叶う

十、人間

弱い人間だから

肩肘張らず、もう少し楽に生きたらいいと思います。色んなことを堅く考えすぎて行き詰まっている人がいます。

大木から葉っぱが二、三枚落ちても、何も変わらないように、どう生きてもそんなに変わりません。

それよりも、人間らしく無理をせずに生きたらいいと思います。

弱い人間だから
愚痴もでる
弱い人間だから
涙も流す
弱い人間だから
欲にも負ける
無理を
しなくてもいい
人間らしく生きたら
それでいい

コスモス

人間はみな温かい

お寺にいると色んな方と会う機会があります。

偉そうにしている人、堅苦しそうな人、いい加減そうな人、頼りなさそうな人、色んな方と会います。しかし、会って心が通えばみないい人でした。

多くは偏見からくる誤解で人を見ているのだなあと気づかされたことがありました。

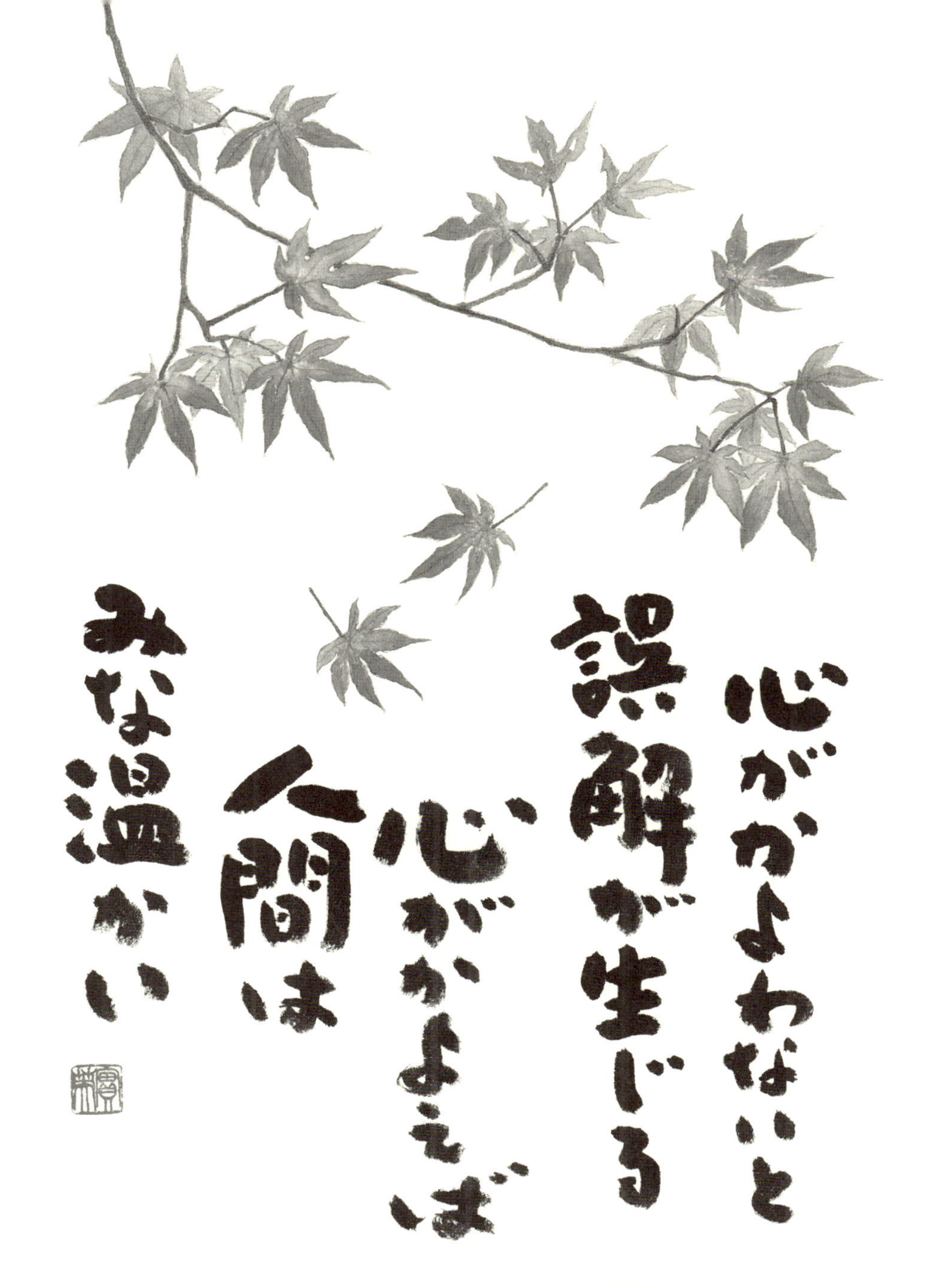
心がかよわないと
誤解が生じる
心がかよえば
人間は
みな温かい

十一、人生

自分の足跡を残す

他人が歩んだ足跡の上を上手に歩んでも自分の足跡にはなりません。

少々道から外れても、少々モタモタしながらでも、自分が歩んだのだとわかる足跡を残しましょう。

それが、この世での自分の使命だと思って。

足跡

生きるということは
この世に
自分の足跡を
残すこと
よくても
わるくても
自分が歩んだのだと
わかる足跡を
残すこと

プロセスが大事

人生は結果が大事なのではなくプロセスが大事だといいます。
なぜなら人生の結果は死です。
死ぬことが大事なのではなく死ぬまでの間をどう生きたかが大事なのです。
つまり、今日一日をどう生きたかという歩みそのものが大事なのです。

上りきった所に
人生の到達点が
あるのではなく
一歩　一歩の
歩みそのものの中に
人生はある

永遠の命

この世は無常です。だから人の命もいつかは、終わりがきます。方丈記を著した鴨長明は「淀に浮ぶうたかた（泡）は、かつ消えかつ結びて久しく留まりたる例なし。」といっています。

人の命は、うたかたのように、はかないものです。しかし、うたかたは、消えても決してこの世から無くなったわけではありません。大きな川の流れに戻っただけなのです。それと同じように、人が亡くなるということは、この世から消えて無くなるのではなく、うたかたが川の流れに戻ったように、永遠の命の流れに戻っただけなのです。仏さまは、そう説かれています。

私の限りある命は
永遠の命と
つながっている

川面の
うたかたが
消えても
川の流れは
どこまでも
つづいていくように

咲く花に
この世の
ご縁を学ぶ
散る花に
この世の
無常を学ぶ

實美

花から人生を学ぶ

この詩、花から人生を学ぶ最たるものです。
自分の花を咲かせようと思っても、自分だけの力では、決して咲きません。
色んなご縁があってはじめて咲くのです。
その美しく咲いた花には、いつまでも咲き続けて欲しいと思います。
しかし、必ず散っていきます。それは、この世が無常だからです。
人の営みもこの花と同じです。
花から人生の最も大切なことを学ぶことができます。

目の前の花が
美しく
咲いたのは
このせでのご縁が
あったから
そして
あなたのお世話が
あったから

ご縁とお世話

一粒の種が机の上に置かれていても発芽しません。ましてや花も咲きません。土の上に蒔かれて初めて発芽するのです。

それは、土や水や光とのご縁があったからです。

そして、土を耕し、水や肥料をやる人のお世話があったから花は咲いたのです。

人も同じです。ご縁とお世話があってはじめて立派に成長できるのです。

はかなき命

「人のこの世は長くして　かわらぬ春と思いしに　無常の風は隔てなくはかなき夢となりにけり……。」というご詠歌があります。

人は誰も自分が死ぬことなど思っていません。いつかは死ぬだろうけどずっとずっと先のことだと思っています。

そうなのでしょうか。沙羅の花は朝咲いて夕べには散っていきます。人の命も明日が保障されていません。はかない命を生きているのです。一日一日を沙羅の花のように輝かせ大切に送りたいものです。

今日あるものが
明日もあるとは
限らない
沙羅の花は
朝咲いて
夕べには
散っていく

丹波あじさい寺
實英

一生を
終えた後の
人の評価は
どれだけのものを
集めたかではなく
どれだけのものを
与えたかである

人の評価

生きている時は少しでも多くのものを集めようと奔走します。

しかし、それは自分の欲望を充足するだけの生き方で、何の評価にもなりません。

人間として本当に大切なのは、一生を通じてどれだけのものを他に与えたかです。つまり、どれだけ世のため人のためになる生き方ができたか、それが一番の評価なのです。

十二、心を支えることば（応援歌）

生かせいのち

この手
にぎり拳にすれば
争いの手となる
この手
合掌にすれば
誰とでも仲良くなれる

親からもらった
この五体
どう生かすかで
人生も大きくかわる

いのち誕生

何もなかったところに
ご縁の力によって
一つのいのちが
誕生しました

この不思議
この喜びを
かみしめながら
与えてくださった
み仏に感謝して
子どものいのちを
育てていきたい

旅立つ我が子へ

あなたが誕生した時
あまりもの喜びで
心の震えがとまりませんでした
あどけない笑顔を見て
この子のために頑張ろう
この子のために生きていこうと
思いました

子どもの成長を願い
子どもの支えとなって
生きる喜びを
いつも感じていました
だから
子どものためにすることで
つらいと思ったことは
一度もありません
いつも心は充たされていました

今日まで
あなたのために
生きてこられたことは
幸せでした
しかし明日からは
自分の力で生きてください
一人の大人として
人生にはつらいことや

苦しいことが山ほどあります
お父さんやお母さんが
頑張ってきたように
あなたもそれに負けないで
生きてください
そして自分の力で
自分の人生を切り開いてください
お父さんとお母さんは

そんなあなたを
いつまでも見守っています
命ある限り
あなたの人生を
応援しています

父より
母より

夫婦

つらい時には
愚痴をこぼし
苦しい時には
弱音をはき
夫婦互いに助け合い
人間らしく

生きていきたい
立派な人生を
送ることより
二人力を合わせ
もたもたしながらでも
ぬくもりのある人生を
歩んでいきたい

喜び

今日の喜びは
あなたに逢えた喜び
今日の喜びは
苦労がむくわれた喜び
今日の喜びは
二人の誤解がとけた喜び

今日の喜びは
小さな幸せが実った喜び
いのちいっぱいの喜びに包まれて
一日一日自分の人生を
重ねていく

生きるということは
すばらしい

おわりに

人間は弱い
だから
心を支える
ことばが
欲しい

私が以前、出版した日めくりの表紙に『一つのことばで人生は変わることがある』と書いたことがあります。

それは、私のことばに触れた多くの方から「先生のことばに触れて、うつ状態から脱出できました。」とか「不登校の娘が、ぼちぼちですが学校へ行けるようになりました。」とか「夫が亡くなって私も死のうと思っていましたが、先生のことばで夫のためにも生きなければと思えるようになりました。」とか「会社で行き詰まっていましたが、頑張る元気が湧いてきました。」とか……。数多くの感想をいただいたことがありました。

そんな声に励まされ、爾来(じらい)折に触れ心に感じたことをことばにして参りました。何百ということばがたまりましたので、その中から読者の皆さまと共有できそうなことばを五十数点厳選しここに上梓することにしました。

私のことばがもし皆さまの心に届いたとすれば、それは読者の皆さまと同じように私も迷ったり、悩んだり、苦しんだりしながら生きてきた人間の一人だからです。

私は決して特別な人間ではありません。ごく平凡な人間です。だから多くの方と色んなものを共有できるのだと思っています。

私の弱い心を励ますことばが、私の苦しい心を慰めることばが、皆さまと共有できることばなのだと信じています。そして、私の心が楽になった時、私の心が元気になった時、皆さまの心もそうなるのだと信じています。

このことばを皆さまのお手元に届けるため、佼成出版社のお力を借りて一冊の本にまとめていただきました。その御労苦に心より感謝申し上げます。


拙著がどんなお方との出合いをするのか楽しみ

です。よきご縁に恵まれて一人でも多くの方の心に届く本となりますように心より祈っております。

高野山部長官舎にて

小籔実英（こやぶ　じつえい）

詩人・詩画作家。昭和26年、京都府福知山市観音寺に生まれる。高野山大学密教学科卒業後、兵庫県立氷上高校、尼崎西高校、柏原高校で17年間教鞭を執り、平成3年3月、退職。関西花の寺第一番札所観音寺（丹波あじさい寺）住職となり心の豊かさを求めて「あじさいの会」を主宰。

現在、総本山金剛峯寺執行・高野山真言宗教学部長・教化伝道本部長・国際局長・布教研究所所長を務めながら講演・著作等、幅広い活動を続けている。

読売新聞、毎日新聞、全日仏主催の墨蹟展に出展、大法輪に詩画43回連載、朝日新聞に随筆連載、月刊池坊「華道」に詩画連載、高野山総本山金剛峯寺「心の伝道ポスター」（新日本カレンダー）制作中、健康食品・株式会社「えがお」詩画制作中。

その間、ＮＨＫ「ラジオ深夜便」（明日へのことば）「宗教の時間」（いま空海に学ぶこと）等に出演。

著書に、『心に悲しみをもったとき』『一度っきりの人生を生きる』（善本社）『希望の風』（東方出版）『悩んでこそ人生』『心配せんでもよい』（佼成出版社）など多数。

日めくりカレンダーに、「心の日めくり」「明日を生きるための日めくり」「ほのぼの日めくり」「心の花日めくり」などがある。

けいこ（小籔慶子）

平成３年生まれ。京都教育大学美術領域卒業後、京都府立福知山高等学校・美術講師となる。

現在、京都府立大江高等学校・美術講師。

表紙画、看板、カレンダー、日めくり画等制作中。

雨(あめ)の日(ひ)に感謝(かんしゃ)

2017年5月30日　初版第1刷発行

著　者　小籔実英
発行者　水野博文
発行所　株式会社佼成出版社
〒166-8535　東京都杉並区和田2-7-1
電話（03）5385-2317（編集）
（03）5385-2323（販売）
URL http://www.kosei-shuppan.co.jp/
印刷所　錦明印刷株式会社
製本所　株式会社若林製本工場

ISBN978-4-333-02758-3　C0015